Philosophieren über Freundschaften in der Kita

Ein pädagogisches Angebot

Bibliografische Information der Deutschen Nationalbibliothek:
Die Deutsche Nationalbibliothek verzeichnet diese Publikation in der
Deutschen Nationalbibliografie; detaillierte bibliografische Daten sind
im Internet über http://dnb.dnb.de abrufbar.

© 2023 Sebastian Götz

Herstellung und Verlag: BoD – Books on Demand, Norderstedt

ISBN: 978-3-7534-2784-3

Inhaltsverzeichnis

EINLEITUNG

Das Philosophieren mit Kindern kann neben einem projektbezogenen Thema auch in Form von pädagogischen Angeboten mit in den Kindergartenalltag integriert werden. In Baden-Württemberg selbst ist das Philosophieren Teil des Orientierungsplans, welcher Grundlage der pädagogischen Arbeit in Kindertageseinrichtungen ist. Hieran erkennt man meiner Meinung nach den hohen Stellenwert, welchen diesem Bereich zugesprochen wird.

Die theoretische und praktische Umsetzung des Philosophierens im Kita-Alltag ist letztlich abhängig von dem Konzept und der Konzeption der jeweiligen pädagogischen Einrichtungen. Daher kann es eine allgemein gültige und für jede Kita passende Planung und Umsetzung nicht geben.

Aufgrund von durchgeführten gezielten Beobachtungen wurde dieses pädagogische Angebot für ein Kind geplant und umgesetzt. Es fand eine Analyse und Beschreibung des Kindes statt. Ebenso wurden die Ziele des pädagogischen Angebotes festgelegt. Daraufhin folgte die Planung des Angebotes und eine umfangreiche Sachanalyse. In dieser ist auch eine Bilderbuchanalyse nach Staiger enthalten.

Dieses Angebot dient Ihnen als Grundlage für ähnliche pädagogische Aktivitäten mit Kindern in den Bereichen des Kamishibai und des Philosophierens mit Kindern. Erfahren Sie mehr über die wissenschaftlichen Sichtweisen auf das Philosophieren mit Kindern und erhalten Sie grundlegendes Wissen über das Erzähltheater Kamishibai.

Ich wünsche Ihnen viel Spaß beim Entdecken dieses wundervollen Themas und hoffe, dass auch Sie sich in Zukunft näher mit den Themen des Philosophierens und der Nutzung des Kamishibai beschäftigen wollen. Zwei Bereiche, welche aus meiner Sicht hervorragend miteinander wirken und so für großartige gemeinsame Erlebnisse sorgen.

ANALYSE DES KINDES

Beschreibung des beobachteten Kindes

Angaben zum Kind

- **Vorname:** C.
- **Geschlecht:** weiblich
- **Alter:** 5:6
- **Nationalität:** deutsch

Ausführliche Beschreibung aller Entwicklungsbereiche

Emotional-Sozialer-Entwicklungsbereich

C. ist zu Erziehern kommunikativ und sucht die Nähe, insbesondere um sich auszutauschen. Mit anderen Kindern spielt C. seltener, hierbei gibt es des Öfteren Streit und Diskussionen. Im Spiel mit anderen Kindern kann sich C. durchsetzen. Das Akzeptieren von anderen Meinungen und Wünschen fällt C. schwer. Im Außenbereich der Kita findet C. mit anderen Kindern besser ins Freispiel. Hierbei spielt sie jedoch eher in Gruppen ab drei Kindern (Beobachtungen während der Praxistage). C. kann ihre eigene Stimmung beschreiben und detailliert erklären (wieso, weshalb). Das Freundschaften schließen fällt C. schwer, da sie einerseits Spielregeln nur nach ihren eigenen Vorstellungen umsetzen will und andererseits nicht direkt auf die anderen Kinder zugeht. Zeitgleich wünscht sich C. jedoch Freunde und teilt dies den Erziehern regelmäßig mit (Beobachtungen/Erlebnisse während der Praxistage).

Aus Sicht der Kooperation führt C. besprochene Aufgaben zielgerichtet und verlässlich aus. Des Weiteren hält sie sich an Anweisungen der Erzieher, versucht diese dennoch manchmal auf ironische Art und Weise zu hintergehen (bspw. gilt die Regel, dass im Raum nicht gerannt werden darf, C. grinst zu den Erziehern und hüpft schnell durch den Raum, da laut ihrer Aussage Hüpfen nicht Rennen ist). Die Gefühle und Stimmungen der anderen Kinder kann C. sehr gut charakterisieren und auffangen. Bei Unruhe oder einem weinenden Kind hat C. stets ein Blick zur Situation und beobachtet, was genau vor sich geht. Bei Nachfragen erklärt C. dann die Situation aus ihrer Sicht. Hierbei erklärt sie auch, warum das Kind weint.

Sprachlicher Entwicklungsbereich

C. begleitet ihre Freispiele oftmals mit leisen Aussagen. Sie kann Sätze grammatikalisch korrekt bilden und diese verständlich äußern, wendet also keine Babysprache mehr an. Bei Erzählungen von Erlebnissen oder dem vergangenen Wochenende erzählt C. in der korrekten Zeitform. Im Morgenkreis möchte sie auch stets die Kinder zählen. Hierbei sind die Aussprache und Verständlichkeit von Wörtern und Zahlen stets verständlich. Es liegt bei C. keine bilinguale Situation vor.

Kognitiver Entwicklungsbereich

C. kann beim Würfeln die Punkte als Zahlen erkennen und nennen, ohne nachzählen zu müssen (Beobachtungen im Freispiel Außenbereich). Beim Versteckspiel unter einer Decke kann C. sich bis zu 5 Gegenstände merken und erraten (Beobachtung bei offenen Angeboten). Während den Spaziergängen und Ausflügen erklärt C. die Umgebung, wobei sie den Objekten magische Kräfte und Leben zuschreibt. Die Eigenschaften der jeweiligen Objekte wie bspw. „der Stein ist ein netter Geist" bleiben dabei konstant. Ebenfalls sammelt C. bei Spaziergängen und im Außenbereich des Kindergartens Steine, Schnecken, Regenwürmer oder Blätter. Diese kann sie korrekt beziffern.

Beim Malen holt C. die notwendigen Materialien (Tischdecke, Stift, Blatt) autonom. Die Fähigkeit zur Selbstbehauptung in Bezug auf „Sich durchsetzen können", ist bei C. stark ausgeprägt (Sucht den Konflikt und zieht sich meist nicht aus der Konfliktsituation zurück). C. kann die Grundfarben (ohne Cyan und Magenta) korrekt erkennen und aussprechen.

Motorischer Entwicklungsbereich

Feinmotorischer Bereich

C. hat eine Finesse für das Zeichnen und dem symbolischen Schreiben. Dementsprechend kann sie Stifte zwischen Daumen und Zeigefinger korrekt halten und in verschiedenen Druckstufen malen. Ihren Anfangsbuchstaben kann C. mit einer Feder und Tinte zeichnen (Beobachtungen in der Schreibwerkstatt). Das korrekte Halten der Schere sowie Wellen oder Zick-Zack-Linien kann C. genau ausschneiden. Im Bereich der Werkstatt geht C. mit den Werkzeugen wie Hammer, Feile und Säge geschickt um. C. kann einen kleinen Stein mit zwei

Fingern stabilisieren und mit der rechten Hand den Stein bearbeiten. Beim Mittagessen isst C. mit Messer und Gabel in korrekter Haltung.

Grobmotorischer Bereich

C. schaukelt selbstständig auf einem dünnen Seil und hält sich dabei mit nur einer Hand fest. Ebenfalls kann sie einen Ball hochwerfen, sich, währenddessen im Kreis drehen und den Ball anschließend wieder in beiden Händen fangen. Den Ball kann sie auch zweimal hintereinander dribbeln und anschließend in beiden Händen fangen. Das Balancieren über einen schmalen Steg kann C. ebenso ohne Unterstützung meistern (Beobachtungen beim Vorschulsport). Im Außenbereich läuft C. ohne Hilfestellung auf runden Stelzen mit Schnüren. Dort hüpft sie auch mit zwei Beinen oder steht auf einem Bein und hüpft anschließend mit nur einem Bein beim Kästchenspiel. An der Turnstange im Außengelände kann C. selbstständig hochklettern und eine Rolle vorwärts ausführen (Beobachtung im Freispiel im Außenbereich).

Interessen und Themen des Kindes

Die Interessen von C. sind Tiere (insbesondere Katzen), Natur (Steine, Felsen, Bäume, etc.) sowie Abenteuer & Fantasie (Zaubern, Hexen, irrationale Dinge). Sie redet sehr gerne über die oben genannten Themen und spielt diese im Freispiel nach. Gerade die Verbindung von Fantasie und den Tieren oder der Natur ist bei C. stark ausgeprägt. Bei Spaziergängen erzählt C. beispielsweise von lebenden Steinen, welche sich in dem Gebüsch verstecken.

Ein aktuelles Thema von C. ist die soziale Stellung in der Kindergartengruppe und die damit einhergehenden Konflikte, insbesondere im Freispiel. C. sucht den Kontakt zu anderen Kindern aber findet mit diesen dann nicht ins gemeinsame Freispiel. Dies frustriert C. des Öfteren und führt bei ihr zu Reaktionen (Wutausbrüchen oder Weinen), welche wiederum den Kontakt zu den anderen Kindern erschwert. Daher sehe ich das oben genannte Thema als aktuell an.

ZIELSETZUNG IM ANGEBOT

Benennung der Bildungs- und Entwicklungsfelder

Während des gezielten Angebots werden die Bildungs- und Entwicklungsfelder *„Sinn, Werte und Religion"*, *Denken*, *„Gefühl und Mitgefühl"* sowie *Sprache* berührt. Aufgrund der geplanten Angebotsart (Philosophieren u. Freundschaft) werden jedoch hauptsächlich und verstärkt die Bereiche *„Sinn, Werte und Religion"* sowie *„Denken"* angesprochen.

Diese Bildungs- und Entwicklungsfelder des Orientierungsplanes Baden-Württemberg leiten sich aus den Bildungsbereichen *Sprache & Kommunikation* („sich in Gesprächen mitzuteilen und ihre Gefühle, Meinungen, Gedanken, Erlebnisse etc. zu äußern") sowie *Soziale, kulturelle und interkulturelle Bildung* („in soziale Interaktionsprozesse zu treten und Meinungen und Vorstellungen anderer Menschen zu erfahren") ab.

Das **Bildungs- und Entwicklungsfeld Sinn, Werte und Religion** wird durch gemeinsames Philosophieren in der Gruppe gefördert. Die Kinder erhalten Impulse, um über mögliche Entwicklungen in der Geschichte philosophieren zu können. Die Kinder entdecken hierdurch, dass es auf manche Fragen keine abschließenden Antworten geben kann sowie dass die anderen Kinder unterschiedliche Vorstellungen über den Fortgang der Geschichte haben. Ebenfalls wird über das Thema des Kindes (Freundschaft) auf philosophischer Ebene geredet und dementsprechend Fragen oder Impulse gesetzt. Dieser Bereich findet sich im Orientierungsplan unter dem Ziel: „Können in ihrem Philosophieren und / oder Theologisieren über das Leben und die Welt verständnisvolle Partner finden." (Baden-Württemberg, 2016, S. 167)

Im **Bildungs- und Entwicklungsbereich Denken** erweitern die Kinder durch das gezielte Angebot ihr Wissen. Es findet auch eine starke kognitive Forderung statt, denn die Kinder müssen über den Fortgang der Geschichte nachdenken und sich Gedanken zum Thema Freundschaft machen. Im Bildungs- und Entwicklungsfeld Denken gibt es auch das Ziel, das Kinder Freude am gemeinsamen Nachdenken haben. Auch in diesem Entwicklungsfeld wird Bezug auf das Philosophieren genommen, u. a. durch das Ziel: „stellen sich und ihrer

Umwelt Fragen, auch philosophischer und religiöser Natur, und suchen nach Antworten. (vgl. Baden-Württemberg, 2016, S. 148)

Grobziele

1. Die Kinder setzen sich kreativ mit den Bildern des Mediums (Kamishibai-Karten) auseinander.
2. Die Kinder erweitern ihre Kenntnisse zum Thema Freundschaft.
3. Die Kinder lernen andere Kinder als verständnisvolle Partner kennen.

Feinziele

1. Die Kinder äußern ihre Ideen zur Fortsetzung der Geschichte.
2. Die Kinder üben sich im kreativen Denken
3. Die Kinder erläutern, was für sie Freunde sind.
4. Die Kinder vergleichen die Freundschaften Emmas mit ihren eigenen.
5. Die Kinder vergleichen Ihre Vorstellungen von der weiteren Geschichte.

PLANUNG DES ANGEBOTS

Begründung des Angebots

Aufgrund der Interessen und dem Thema von C. halte ich das geplante Angebot für zielführend. C. hat eine ausgeprägte Fantasie und interessiert sich für Abenteuer. Hier eignet sich die Geschichte von Emma, welche die Welt erkundet und in der Natur Abenteuer erlebt und neue Tiere kennenlernt. C. ist aufgrund der Beobachtungen häufiger im Konflikt mit anderen Kindern und es fällt ihr schwer, einen gemeinsamen Konsens bei Aktivitäten im Freispiel zu finden.

Sie äußerte über längere Zeit, dass sie keine Freunde habe und keiner mit ihr spielen möchte. Hier sehe ich Freundschaften als kindliches Thema von C. Hierzu eignet sich ebenfalls die Geschichte Emma, da sie lernt, dass die anderen Tiere ihre Freunde sind und alle gemeinsam ein Ziel erreichen können.

Dass anschauen von Büchern liegt C. derzeit nicht besonders. Sie findet es langweilig und legt daher Ihr Interesse schnell wieder auf andere Dinge. Durch die Verwendung des Kamishibai kann eine andere Atmosphäre aufgebaut werden, sodass C. auf einer anderen Art erreicht werden kann im Vergleich zur Anwendung eines Bilderbuchs. Hierdurch kann C. die geplanten Ziele mit höherer Wahrscheinlichkeit erreichen.

Das gemeinsame Philosophieren in der Gruppe soll das Thema des Kindes aufgreifen und die Gruppe tragen. Fragen wie „Stimmt das? „Warum denn?" oder „Könnte es auch anders sein?" sollen hierbei die Kinder zum Nachdenken und Philosophieren bringen.

Die Ziele des Angebots werden so durch zwei Ebenen vermittelt, welche die nachfolgende Grafik nochmals deutlich darstellt:

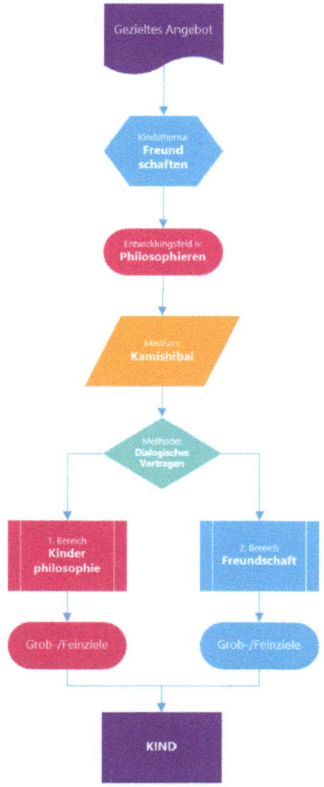

Abbildung 1 Schematische Darstellung des gezielten Angebots.

Eigene Erfahrungen habe ich mit dem geplanten Angebot in Form des gemeinsamen Philosophierens bisher nicht erlangt. Die Anwendung des Kamishibai ist mir durch ein durchgeführtes Angebot in meiner früheren Praxiseinrichtung in der Krippe bekannt.

Auswahl der Gruppe

Begründung für die Gruppenkonstellation

Die Gruppe wurde aufgrund der überschneidenden Interessen zusammengestellt. Ebenfalls wurde darauf geachtet, dass die Charaktere der Gruppe heterogen sind. Die Kinder haben im Kita-Alltag (Freispiel) mit C. keine Konflikte, sodass sich „Alltagskonflikte" im gezielten Angebot vermeiden lassen. Hierdurch können auch neue Verknüpfungen zwischen C. und den anderen Kindern entstehen, welche vielleicht mittelfristig zu neuen Spielpartnern führen können.

Bei der Auswahl der Gruppe wurde ebenfalls Wert auf einen homogenen kognitiven Entwicklungsstand der Kinder geachtet, sodass Überforderung oder Langeweile einzelner Kinder und eine hieraus möglicherweise entstehende Störung des Angebots bereits im Voraus verhindert wird.

Beschreibung der einzelnen Kinder

Kind 1

- Vorname: F.
- **Geschlecht**: männlich
- **Alter**: 5:6
- Nationalität: deutsch

Interessen & Themen: Dinos, Tiere, Natur, Thema unbekannt

Begründung: F. ist kognitiv auf der identischen Ebene und bringt sich gerne mit ein. Er kann die anderen Kinder motivieren und andere Sichtweisen beitragen. Die Stärken und Schwächen von F. sind konträr zu denen von C. Daher wäre es aus pädagogischer Sicht wünschenswert, wenn F. mit C. gemeinsam ins Freispiel finden würden und somit voneinander lernen könnten.

Kind 2

- Vorname: M.
- **Geschlecht**: männlich
- **Alter**: 5:1
- Nationalität: deutsch

Interessen: Körperliche Aktivitäten, Abenteuer, Fantasie, Thema: Eigene Stellung in der Gruppe

Begründung: M. ist ein auf den ersten Blick eher zurückhaltender Junge. Wenn man ihn etwas hervorlockt, blüht er jedoch auf und findet bei Abenteuern und Fantasieangeboten viel Freude. Aufgrund der überschneidenden Interessen von M. & C. sowie seinem aktuellen Thema, ist er als weiteres Gruppenmitglied des Angebotes eine sinnvolle Erweiterung.

Kind 3

- Vorname: M.
- **Geschlecht**: männlich
- **Alter**: 5:3
- **Nationalität:** deutsch, italienisch

Interessen: Lego & Flugzeuge bauen, Abenteuerspiele

Begründung: M. ist ein sehr liebe- und verständnisvoller Spielpartner für die Kinder. Er könnte C. aufgrund seiner Persönlichkeit beim Freispiel zu sozialen Handlungen (bspw. andere Spielidee akzeptieren) bewegen. Daher passt M. gut in die Gruppenkonstellation.

Sachanalyse

Philosophieren mit Kindergartenkindern

Das Philosophieren mit Kindern im Kindergarten ist ein spannendes Terrain. Denn Kinder haben viel Fantasie und Kreativität. Ebenfalls denken und argumentieren Kinder anders im Vergleich mit uns Erwachsenen. Hierdurch können bei einem Angebot schnell neue Sicht- und Denkweisen zu einem bestimmten Thema erkannt werden. Des

Weiteren gibt der baden-württembergische Orientierungsplan für Bildung und Erziehung klar den Auftrag an Einrichtungen, auch den Themenbereich des Philosophierens mit Kindern zu behandeln. Festgehalten ist dies im **Bildungs- und Entwicklungsfeld 6: Sinn, Werte und Religion.** Hier ist als Ziel klar formuliert: „Kinder können in ihrem Philosophieren und / oder Theologisieren über das Leben und die Welt verständnisvolle Partner finden und erleben unterschiedliche Weisen, nach Sinn zu fragen und Werte zu leben und kommunizieren darüber." (vgl. Baden-Württemberg, 2016, S. 165–168)

Dennoch muss man das Thema der Kinderphilosophie kurz anschneiden. Denn es gibt in der Fachwelt durchaus Argumente für sowie gegen das Philosophieren mit Kindern. Diese werden nun näher erläutert und dargestellt, um eine aktuelle Übersicht über die wissenschaftliche Diskussion und Entwicklung zu diesem Themenbereich zu erhalten. Hieraus lässt sich ein Ansatz für das geplante Angebot ableiten.

Argumente für das Philosophieren

Das wohl wichtigste Argument für das Philosophieren mit Kindern ist die Vorgabe des Landes Baden- Württemberg hierzu. Denn der Orientierungsplan wurde nach § 9 Abs. 2 des KitaG erstellt und dient dem Förderauftrag nach §22 SGB VIII. Nichtsdestotrotz steht es in der Verantwortung des Trägers, wie die Ziele erreicht werden. Es ist für die Einrichtung daher ein großer Spielraum gegeben, wie das Thema Philosophieren mit Kindern angegangen wird (vgl. Baden-Württemberg, 2016, S. 98).

Das Philosophieren mit Kindern kann nur Angebotscharakter haben und muss in passender Atmosphäre ohne Druck durchgeführt werden. Die Art des Philosophierens ist auch abhängig vom Entwicklungsstand der jeweiligen Kinder. Für die Kinder ist eine Person wichtig, bei der sich die Kinder wohlfühlen und mit der sie gemeinsam nachdenken und sich austauschen können. Kinder haben ein Recht ihre philosophischen Fragen beantwortet zu bekommen. Hierdurch können u. a. die Bereiche Fantasie, Kreativität, Wissen, Werte, Sprache, Denken und die Argumentation von Kindern gefördert werden (vgl. Huppertz & Barleben, 2016, S. 7–23). Huppertz und Barleben formulieren es so: „Kindheit heute gebietet es, zu philosophieren" (Huppertz & Barleben, 2016, S. 17).

Richard. F. Kitchener ist der Meinung, dass auch Kinder unter 10 Jahren philosophieren, wenn auch eher simpel. Vielmehr muss man dies als eine Art Vorphase des eigentlichen späteren Philosophierens sehen. Im Unterschied zu späterem, abstraktem philosophieren findet in dieser Phase vielmehr ein einfaches konkretes Philosophieren statt (vgl. Heinrich, Berner-Zumpf & Teichert, 2020, S. 74).

Argumente gegen das Philosophieren

Piaget hat Forschungen zum kindlichen Denken durchgeführt und seine Ergebnisse führen zu dem Ergebnis, dass Kinder nicht philosophieren können, da Kinder weder analysieren, systematisieren noch definieren können. Kinder haben keine Trennung zwischen den verschiedenen Ebenen (Selbst<>Welt) und sie sind sich Ihrer Subjektivität nicht bewusst. Das Philosophieren mit Kindern greift somit sowohl die wissenschaftliche Philosophie als auch das Kind selbst an (vgl. Heinrich et al., 2020, S. 110–111). Denn durch das Eingruppieren von Kindern als Wissenschaftler und Philosophen riskieren wir einerseits, das unabhängige freie Spiel zu unterwandern und die Entwicklungsphasen der Kinder zu beanspruchen mit dem Risiko, den Kindern zu hohen Forderungen zu stellen. Daher gibt es gute Gründe skeptisch zu sein, wenn Kinder diesbezüglich betitelt oder gefördert werden (vgl. Heinrich et al., 2020, S. 86–88).

Ebenfalls verteidigte Richard F. Kitchener in einem Aufsatz 1989 Piagets Aussagen, welche zu dem genannten Thema von Matthew Lipmann und Gareth B. Matthews mit einer anderen Sichtweise gegenübergestellt und angezweifelt wurden (vgl. Heinrich et al., 2020, S. 13).

Persönliche Schlussfolgerung zum Thema Kinderphilosophie

Die Kinderphilosophie stellt aus meiner Sicht einen wichtigen Beitrag zur Förderung der frühen Kindheit dar und sollte nicht vernachlässigt werden. Wissenschaftlich umstritten ist die Frage, ob Kinder wirklich philosophieren können. Dies ist für mich jedoch nicht das Kernelement der Kinderphilosophie. Denn unbestritten dürfte sein, dass Kinder fragen und eigene Gedankengänge haben. Daher sehe ich den Bereich der Kinderphilosophie als ein recht breites Spektrum, welches jeweils in beide Richtungen Extreme hat, welche es zu vermeiden gilt. Des Weiteren sehe ich das Philosophieren mit einer erwachsenen Person als notwendige Voraussetzung an, denn je nach Thema und der kindlichen Erfahrung kann ein Themenkomplex sehr schnell Ängste und Unsicherheit beim Kind entstehen lassen. Das Philosophieren sollte daher von einer erwachsenen Person geleitet werden.

Letztlich geht es nicht darum, den Kindern das Philosophieren zu lehren, sondern es soll ihnen vielmehr ein Raum zum eigenen Philosophieren gegeben werden. Inwieweit ein einmaliges gemeinsames philosophieren in einer Kleingruppe ergebniswirksam ist im Vergleich zu einem regelmäßigen und in der Praxiseinrichtung gelebtem Philosophieren ist aus meiner Sicht derzeit nur schwer abzuwägen. Aus den bisher gewonnen Erfahrungen und Eindrücken stehe ich einem gezielten Angebot zu dem Thema der Kinderphilosophie aber durchaus positiv gegenüber.

Erzähltheater Kamishibai

Das Kamishibai ist ein aus Japan stammendes statisches Theater mit optional verschließbaren Flügeltüren. Es unterteilt sich in die Worte Kami (Papier) sowie Shibai (Theater). Die Ursprünge gehen auf buddhistische Wandermönche, den sogenannten Etoki-Hoshi, des 12. Jahrhunderts zurück. Diese verwendeten die Schriftrollen in Kombination mit Bildern, um die Inhalte den Menschen besser vermittelbar zu machen, da zu dieser Zeit viele Menschen Analphabeten waren. (vgl. Japan Society & McGowan, 2021)

Gerade beim Kamishibai sind die Emotionen und Gefühle ein sehr wichtiger Aspekt. Denn das Kamishibai ist auf gemeinsames Empfinden und Erleben ausgelegt. Dies wird in Japan Kyo- kan genannt. Der zweite wichtige Gesichtspunkt ist das japanische „Ma". Es wird in Japan als zeitliche Leere oder Pause gesehen. Auf das Kamishibai reduziert bedeutet es, dass die Übergänge zwischen den Kamishibai-Karten einen Raum für eigene Gefühle und Emotionen bieten. Gerade die traditionellen Kamishibai-Karten sind illustrativ zurückhaltend und bieten somit auch während der Betrachtung das japanische „Konzept" Ma.

Verwendung in Form als ein in der Öffentlichkeit vorgetragenes Theater fand es jedoch erst im 20. Jahrhundert, genauer gesagt um das Jahr 1930. Auslöser hierfür waren die sogenannten Gaito Kamishibaiya. Diese Märchenerzähler reisten oftmals mit dem Fahrrad von Stadt zu Stadt, um ihre Geschichten den Kindern erzählen zu können und mit verkauften Süßigkeiten finanzielle Einnahmen zu generieren. Die Kinder wurden damals mit sogenannten Hyóshigi (Klanghölzer) über die Anwesenheit eines Gaito Kamishibaiya informiert und fanden sich daraufhin bei ihm ein. Hierbei diente der Gepäckträger des Fahrrads als mobiles Stativ, um den Holzrahmen, welcher das Bild beinhaltete, gut sichtbar zu machen. Im selben Zeitraum entwickelte sich parallel zum Gaito Kamishibai auch das im Bildungswesen verwendete und von Kindergartenlehrern eingeführte Kyöiku Kamishibai (vgl. Nishioka, 2019).

Zu dieser Zeit wurde die Größe 38,0 cm x 26,3 cm verwendet. Dieses Format entspricht jedoch nicht mehr dem Heutigen. Heutzutage wird die Größe 29,7 cm x 42,00 cm, auch bekannt unter der DIN A3, verwendet.

Im Vergleich mit anderen Bilderbüchern fällt auf, dass das Vortragen mit einem Kamishibai gewisse Vorteile besitzt. Die Bildfläche ist eine größere als in einem klassischen Bilderbuch, sodass die Wirkung auf die Kinder eine andere ist. Ebenfalls ist die theaterähnliche Aufmachung mit Rahmen, Flügeltüren und Vorhangkarte meist einladend und weckt die Neugier der Kinder. Bei einem Kamishibai können mehrere Kinder bequem davor Platz nehmen. Der größte Vorteil des Kamishibai ist jedoch die Sitzposition des Erzählers. Da dieser hinter dem Kamishibai sitzt, kann er stetig mit der Kindergruppe interagieren und so individuell auf die Fragen und Reaktionen der Kinder eingehen. Mit älteren Kindern können eigene Bildkarten und Geschichten gestaltet werden.

Nachteile sind insbesondere der vermehrte Platzbedarf sowie die Anschaffung des Erzählkastens. Auch müssen die Einrichtungen die Inhalte in dem passenden Format DIN A3 erwerben. Ebenfalls wird für das Kamishibai eine größere Gruppe benötigt, da sich ein oder zwei Kinder davor verlieren. In solchen Fällen sollte lieber Rückgriff auf Bilderbücher genommen werden.

Aufgrund seiner Herkunft und der weltweiten Verbreitung sowie dessen Anwendung kann das Kamishibai zweifelsfrei als interkulturelles Informationsmedium bezeichnet werden.

Vortragsart (Dialogisches Vorlesen)

Das Vorlesen von Büchern oder Geschichten ist eine gute und einfache Möglichkeit, um die allgemeine Sprachentwicklung von Kindern positiv zu beeinflussen. Das dialogische Vorgehen hat jedoch eine herausstellende Position. Denn monologisches Geschichteerzählen (Erzähler liest vor und reagiert nicht auf die Einwendungen und

Reaktionen der Kinder) ist wesentlich ineffektiver im Vergleich (vgl. Wieler)

Aufgrund der vorangegangenen Analyse und der geplanten gezielten Förderung im philosophischen Bereich (B6 der Bildungs- und Erziehungsmatrix von BW) ist das dialogische Vorlesen unabdingbar. Denn durch gezielte Fragestellungen wie „Was meinst du, – wieso ist das so?" oder „Woran erkennen wir, wie sich jemand fühlt?" fördert man Denkanstöße sowie das gemeinsame Austauschen über die eigenen Gedanken und Gefühle. Dies wäre mit einem monologischen Vortrag nicht zu erzielen und die unter der Rubrik Ziele geplante Zielsetzung somit nicht erreichbar beziehungsweise messbar.

Daher wird bei diesem Angebot das dialogische Vorlesen angewandt. Hierbei wird nicht nur, wie oben bereits erwähnt, auf die Fragen der Kinder eingegangen. Vielmehr werden die Kinder vom Erzähler aufgefordert und motiviert durch Fragestellungen oder bestimmte Aussagen wie Schau mal! Wie findest du das oder was denkst du darüber? Vor dem Übergang zur nächsten Bildkarte kann der Erzähler auch fragen: „Was denkst du - wie geht es denn nun weiter?" stellen.

Für die Umsetzung der Anwendung gibt es prinzipiell mehrere Möglichkeiten. Aufgrund der Zielsetzung wird jedoch das folgende Schema angewandt:

1. Kamishibai-Karte wird den Kindern gezeigt
2. Den Kindern wird Zeit gegeben, sich über das Bild Gedanken zu machen
3. Die Kinder werden zu dem Bild befragt und es werden Impulse gesetzt
4. Der Text wird vorgelesen

Ziel der Anwendung dieses Schemas ist es, die Ideen und Fantasien der Kinder nicht zu beeinflussen. Denn wenn zuerst die Geschichte vorgelesen werden würde, so wären die Kinder in ihren Gedanken/Vorstellungen beeinflusst. Dies würde, siehe oben die Zielerreichung erschweren.

Dieser Meinung des gezielten dialogischen Vorlesens in Kombination mit Impulsen ist auch Schlinkert: *„Er hält Fragen und Impulse beim dialogischen Vorlesen für elementare Bestandteile."* (Schlinkert, 2015).

Freundschaften im Kindesalter

Freundschaften im Kindesalter beginnen bereits mit einem Alter von eineinhalb Jahren. Ab diesem Alter stellen Kinder unstabile und spezifische Freundschaften her. Erst ab einem Alter von drei Jahren spielen Kinder vorwiegend mit gleichaltrigen Kindern. In diesem Altersbereich fällt auch meist das erste Mal das Wort „Freund". Klar abzugrenzen von Freundschaft ist das Wort der Peer-Gruppe oder „Peer-Group". Denn diese lässt sich definitionsgemäß nicht für eine spezifische Freundschaft unter Kinder anwenden. Freundschaften sind zwar oftmals in einer Peer-Gruppe gegeben, dennoch geht es hier mehr um eine Gruppe und deren sozialen Status sowie deren kognitiven Fähigkeiten. Es wäre daher falsch, Freunde als Peer-Group zu bezeichnen.

Ein weiterer wichtiger Punkt, der nicht übersehen werden darf, ist, dass die Freundschaft von Kindern eine immens wichtige und gleichzeitig auch veränderliche Variable für deren emotionalen wie kognitiven Entwicklung darstellt und nicht unterschätzt werden sollte!

Daher gehe ich nachfolgend nochmals kurz auf den kindlichen Entwicklungsprozess im Bereich der Freundschaft ein.

Kindlicher Entwicklungsprozess im Bereich der Freundschaft

Für Freundschaften unter Kindern müssen gewisse Voraussetzungen vorliegen. Neben den meistbekannten Faktoren wie Alter, Geschlecht, Interessen oder die Herkunft spielen auch die Faktoren wie Beziehungsfähigkeit, Empathie und Selbstsicherheit des Kindes eine wichtige Rolle. Bereits Kleinkinder verhalten sich gegenüber ihren Peers anders im Vergleich zu Gegenständen. Ab einem Alter von 9 Monaten lernt ein Kind zwischen sich selbst und einer anderen Person zu differenzieren. Ab einem Alter von 24 Monaten werden Gegenstände als Bindeglied zur Herstellung eines sozialen Kontaktes mit einem anderen Kind verwendet. Bei regelmäßigen Treffen derselben Kinder können sich dann erste Beziehungsmuster entwickeln und ausbauen.

Bedeutung von Freundschaften für das Kind

Viel wichtiger als der Begriff Freundschaft ist die Bedeutung für das jeweilige Kind. Denn eine Freundschaft im Kindesalter sättigt psychosoziale Grundbedürfnisse wie Nähe, Wertschätzung oder Austausch. Ebenfalls entwickelt das Kind durch Freundschaften seine sozialen Kompetenzen weiter. Es lernt sich passend zu Verhalten, seine Mitmenschen zu achten und auf sie zu reagieren sowie erfolgreich zu kommunizieren, ergo positive soziale Verhaltensweisen anzuwenden. Hierzu gehören auch die verbale wie nonverbale Kommunikation, gegenseitige Unterstützung und Hilfe sowie die Fähigkeit der Konfliktlösung.

Freundschaften haben aber natürlich auch Einfluss auf der kognitiven Ebene. Kinder lernen andere Sichtweisen zu sehen und mit der eigenen zu vergleichen. Sie geben sich Ratschläge und Unterstützung. Freunde arbeiten oftmals Ko-Konstruktiv. Das ist ein Lernprozess, bei dem beide Kinder durch Zusammenarbeit neues Wissen erwerben. Nach Piaget können Kinder durch kindliche Auseinandersetzungen die eigenen subjektiven Sichten revidieren und somit den Egozentrismus bewältigen. Des Weiteren haben Kinderfreundschaften Einfluss auf die moralische Entwicklung sowie die Identitätsbildung des Kindes (Wieler).

Es lässt sich daher festhalten, dass Freundschaften unter Kindern immens wichtig sind und einen hohen Stellenwert im Kita-Alltag erfahren sollten. Gerade uns Erziehern kommt hier eine besondere Bedeutung zu. Denn durch systematische Beobachtungen lassen sich fehlende Freunde durchaus feststellen. Hier haben Erzieher den Einfluss, durch Impulse und Aufgaben Kinder zur Zusammenarbeit zu bewegen und somit zukünftige gemeinsame Freispiele zu gestalten.

Bilderbuchanalyse des Kamishibai-Kartensets

Eine Bilderbuchanalyse kann nach verschiedenen Analyseverfahren durchgeführt werden. Eine Möglichkeit hierzu ist ein von Michael Staiger vorgeschlagenes System mit insgesamt fünf differenzierten Dimensionen eines Bilderbuches als Erzählmedium. Diese gliedern sich in die Bereiche Narrative Dimension, Bildliche Dimension, Verbale Dimension, Intermodale Dimension sowie der paratextuellen & materiellen Dimension, wobei alle Dimensionen in Verbindung und Wechselwirkung miteinander stehen.

Dies verdeutlicht auch die nachfolgende Grafik:

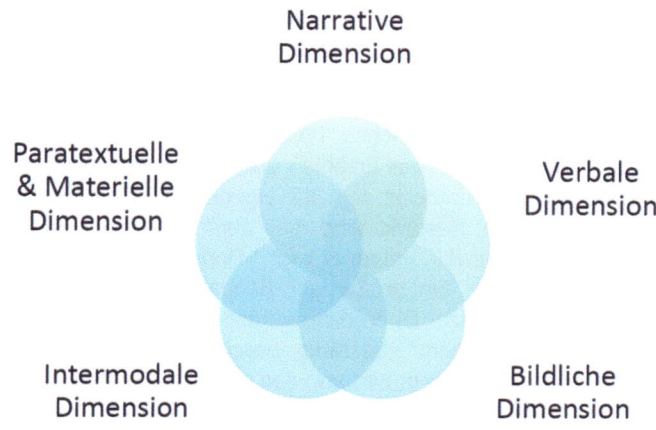

Narrative
Dimension

Paratextuelle
& Materielle
Dimension

Verbale
Dimension

Intermodale
Dimension

Bildliche
Dimension

Abbildung 2 Untrennbarer Zusammenhang der Dimensionen.

Bei einer Analyse ist es wichtig, darauf zu achten, dass es nicht nur auf den Text und das Bild an sich ankommt. Vielmehr kommt dem „Wie" eine viel größere Bedeutung zu. Denn wie ein Text geschrieben oder ein Bild gestaltet ist und diese miteinander in Interaktion treten, hat großen Einfluss. Daher wird versucht die Analyse der einzelnen Dimensionen durchzuführen ohne hierbei den Gesamtkontext des Werkes außer Acht zu lassen (vgl. Staiger, 2014).

Narrative Dimension

Geschichte

Handlung: Die Schnecke Emma wandert durch verschiedene Naturbereiche und lernt andere Tiere kennen. Während zu Beginn Neugier, Bewunderung und Interesse im Vordergrund steht, wechseln die Emotionen ab der vierten Bildkarte. Hier entstehen erste Zweifel und Selbstfragen wie: „Und woran erkennt man mich?" Die Raupe setzt ihre Entdeckungsreise fort und trifft immer mehr Tierarten mit unterschiedlichen Talenten. Bei Bild sieben fühlt sich Emma bereits: „ganz klein und verloren" und bei Bild neun sieht sich Emma am spiegelnden See in ihrer traurigen Verfassung selbst, was zu der Frage führt: „und ich? – was kann ich?". Es folgt mit Bild zehn ein Weinen. Erst mit Bild elf setzt sich die Schnecke aufgrund von Fragen durch den Maulwurf Max mit sich selbst auseinander, da er fragt, was sie denn alles erlebt habe und warum sie denn so traurig sei. Es finden sich nun immer mehr Zuhörer ein, welches Tierarten sind, die Emma zuvor kennengelernt hatte. Durch das Erzählen über ihre Erlebnisse wird die Schecke glücklich und entdeckt nun ihr eigenes Talent, welches ihr bisher verborgen blieb. Bestärkt wird dies durch Aussagen von dem Maulwurf Max auf Bild zwölf, indem er sagt: „Donnerwetter, Emma! Du bist wirklich einzigartig. Ein großartiger Beobachter! Und eine tolle Geschichtenerzählerin dazu! Ohne dich würden wir unsere kleine Welt nur halb so gut kennen." Bestärkt beschließt Emma nun die Entdeckungsreise fortzusetzen, was von den anderen Tieren mit einem: „Au ja!" unterstützt wird. Am Ende hüpft Emmas Herz und Schneckenhaus vor Freude.

Erwartungsbrüche: Bei Bild vier findet ein erster Erwartungsbruch statt. Hier wechselt Emma vom Entdecken der Flora und Fauna plötzlich zu Fragen zur eigenen Persönlichkeit durch: „und woran erkennt man mich?" Bei Bild elf wechselt Emma von Trauer und Selbstzweifel wieder zu positiven Eigenschaften, indem sie nachfragt: „Du willst wissen, was ich alles erlebt habe?" Bei Bild zwölf findet ein weiterer Erwartungsbruch statt. Denn als Emma feststellt, dass die Raupe plötzlich als Schmetterling angeflogen kommt, fließen die Worte über ihre Erfahrungen jetzt nur noch so aus ihr heraus.

Handlungsstränge: Es handelt sich um einen einzelnen linear-progressiven Handlungsstrang, da die Geschichte nur von Emma berichtet und die Kontakte von ihr mit den anderen Figuren keine zeitliche Differenz wie Rückblicke oder eine Vorschau besitzt. Für eine mehrsträngige Handlung fehlt also die unterbrochene Linearität der Geschichte.

Figuren: Die unterschiedlichen Figuren weißen alle zueinander eine Korrespondenzbeziehung auf, da alle Figuren auf derselben Ebene stehen. Zu Beginn erweckt Emma zwar den Anschein, im Vergleich zu den anderen Tieren anders zu sein, da sie wohl als einzige keine Talente besitzt, was einem erstmals das Gefühl einer Kontrastbeziehung gibt.

Zum Ende jedoch zeigt sich, dass Emma ebenso wie die anderen Tiere ebenfalls ein Talent besitzt und hierdurch alle Figuren in ihren Talenten einzigartig und dennoch gleich (alle haben ein Talent) sind.

<u>Folgende Figuren kommen in der Geschichte vor</u>: Schnecke Emma, Ameisen, Raupe/Schmetterling, Specht, Heuschreckenmännchen, Kreuzspinne, Libellen, Schattenungetüm, Frösche, Maulwurf.

Raum: Die Geschichte bewegt sich über zwölf Bilder durch verschiedene Orte der Natur. Die Orte stehen alle miteinander im Verhältnis, da sie alle sich in der freien Natur befinden und nicht gesondert abgegrenzt werden können. Die dargestellten Schauplätze sind eine Kulisse. Sie dienen nicht zur Figurencharakterisierung und sind nicht semantisiert. Es findet kein fortfließender Übergang der Bilder, also kein direkter Ansatz der Bilder zueinander, wie bei manch anderen Kamishibai-Karten, die als fortlaufende Geschichte seitlich eingeschoben werden, statt.

Zeit: Die Geschichte von Emma wird über eine Zeitspanne von insgesamt zwei Tagen erzählt. Wann die Geschichte spielt, lässt sich aus der Geschichte nicht ableiten.

Diskurs

Erzählperspektive/-modus: Die Erzählperspektive ist auktorial. Denn der Erzähler begleitet Emma auf ihrem Weg durch die Welt und berichtet über ihre Erlebnisse. Der Erzähler weiß nicht nur, was Emma hört, sieht und sagt. Er weiß auch über die Lebensumstände von Emma (Wohnort, Vorlieben, etc.) Bescheid. Deshalb scheidet die personale und neutrale Erzählperspektive aus. Ebenfalls besteht eine interne Fokalisierung. Der Erzähler befindet sich demnach in der Außenperspektive.

Zeitdarstellung: Die erzählte Zeit umfasst 2 Tage und die Erzählzeit beträgt 30 Minuten. Daher findet eine sogenannte Zeitraffung statt.

Verbale Dimension

Wortwahl: Die Geschichte Emma wurde in einfacher Form geschrieben. Es gibt keine Fremdwörter. Schlüsselwörter sind aus meiner Sicht folgende: Schnecke; Emma; Emmas Fühler; Schneckenhaus;

Satzbau: Die Sätze sind kurzgehalten und Konjunktionen werden fast vollständig vermieden.

Textgestaltung: Die Gesamtlänge des Textes umfasst bei 13 Bildkarten insgesamt 27 Absätze. Ein einzelner Absatz umfasst meist nicht mehr als wenige Sätze. Die Gesamtlänge umfasst je nach Lesetempo und Pausen ca. 30 Minuten.

Tempus: Präsens

Bildliche Dimension

Farbe: Die Kamishibai-Karten besitzen einen stärkeren Hell-Dunkel-Kontrast. Ebenfalls finden Sonnenstrahlen und Schatten Anwendung. Die Schnecke Emma hat ein kräftig rotes Schneckenhaus, was für Energie und Kraft steht. Die anderen Tiere, welche Emma begegnet, haben weichere Farben und vermitteln Ausdrücke wie Freude & Fröhlichkeit Schmetterling), dem Mystischem (Spinne & Libelle) oder Natur und Harmonie (Raupe, Frösche). Farblich grenzen sich diese Tiere von Emma ab.

Raum: Die Kamishibai-Karten wenden eine polyvalente (verschiedene) Perspektive an. Die Bilder stellen jeweils eine Makroaufnahme einer Natursituation (bspw. Spinnennest oder Teich mit Libellen) dar. Die Karten sind komplett eingefärbt. Es besteht daher keinerlei Weißraum.

Fläche: Die Figuren setzen sich bei den Bildern 4, 6, 7, 8, 9, 12, 13 stärker vom Hintergrund durch einen kräftigeren Farbton ab. Bei den Bildern 1, 2, 3, 5, 10, 11 findet ein leichteres Absetzen der Figuren vom Hintergrund statt. Aufgrund der naturnahen Zeichnung findet aus meiner Sicht eine organische Flächenform Anwendung.

Textur: Die Karten besitzen eine glatte Blattoberfläche ohne fühlbare Erhebungen.

Seitenlayout: Einzelne DIN-A3-Seiten ohne Rahmen und ohne Schrift.

Intermodale Dimension

Die intermodale Dimension bezieht sich hauptsächlich auf das Text-Bild-Verhältnis in Bilderbüchern, sodass die Analyse der intermodalen Dimension aus meiner Sicht bei Kamishibai-Karten nur schwer bis gar nicht durchführbar ist.

Paratextuelle & Materielle Dimension

- **Titel:** Emma – Ohne dich wär´ die Welt nur halb so schön!
- **Autor:** Heidi Leenen
- **Illustrator:** Lisa Hänsch, Ramona Wultschner
- **Verlag:** Don Bosco Medien GmbH
- Erscheinungsort: München
- Erscheinungsdatum: 2020
- **Seitenumfang:** 13 + 1 Bonusseite
- **Preis:** 10,99€ - 16,00€, bestellbar im stationären Buchhandel und Web
- **EAN/ISBN:** 4260 17951 6924

Form & Format:

Die Kamishibai-Karten sind einseitig farbig bedruckt und besitzen eine weiße Rückseite. Das Papier ist 300 g stark und glatt. Der Text der Bilderbuchgeschichte befindet sich in komplettem Umfang auf der hinteren Seite der Cover-Bildkarte. Die Karten sind randlos bedruckt und die Kanten sind nicht abgerundet. Die Bildkarten sind, wie bei Kamishibai üblich, im Querformat bedruckt und es existiert kein Cover oder Buchrücken. Das Kartenset ist somit lose und nicht miteinander verbunden.

Methodisch-Didaktische-Planung

Verlaufsplan

Einleitung

Bei der Einleitung werden die methodisch-didaktischen Prinzipien *Prinzip der Teilschritte* und *Prinzip der Aktivität* berücksichtigt. Es folgen noch keine Feinziele.

Zeit	Teilschritte	Impulse
01-02 min.	▪ Die Kinder werden aufgefordert, sich um den Hocker herum einen Platz auszusuchen, bei dem sie	▪ Einstiegsimpuls: Wer von euch hat schon einmal eine

Zeit	Teilschritte	Impulse
	gut auf das „Theater" sehen können.	Schnecke gesehen?
02-05 min.	▪ Die Kinder erfahren, welche Reise wir gemeinsam mit dem „Papier-Theater" unternehmen werden.	▪ Impuls: Die Geschichte, welche ich heute dabeihabe, ist wirklich wunderschön!
05-09 min.	▪ Die Kinder können Fragen stellen und äußern, welche Vorstellung/Gedanken sie über die nun folgende Geschichte haben.	
09-10 min.	▪ Zu Beginn werden die Hyóshigi (Klanghölzer) geklopft, um die Aufmerksamkeit auf das Kamishibai zu lenken.	

Hauptteil

Beim Hauptteil wird das methodisch-didaktische Prinzip der Übung angewandt. Es werden die Feinziele eins, zwei, drei, vier und fünf integriert.

Zeit	Teilschritte	Impulse
28 min.	▪ Die erste Bildkarte wird gezogen. Es wird einen Moment gewartet, damit die Kinder sich Gedanken zu dem Bild machen können und dann werden Fragen an die Kinder gestellt. Erst jetzt wird die Geschichte zu der Bildkarte vorgelesen. ▪ Der Punkt 7 wiederholt sich entsprechend der folgenden	▪ Impuls zu Feinziel 1/2: Habt ihr denn eine Idee, wohin Emma nun weiter geht? ▪ Impuls zu Feinziel 3/4: Habt ihr

	Karten. Nachfolgend werden nun die Karten genannt, bei denen besondere/geplante Impulse gesetzt werden. ■ Die letzte Karte (Nr. 12) wird wie bei Punkt 6 aufgedeckt und es wird ein Moment gewartet. Nun werden Fragen an die Kinder gestellt und Impulse gegeben.	auch Freunde? ■ Impuls zu Feinziel 3/4: Woran erkennt man einen Freund? ■ Impuls zu Feinziel 3/4: Sind Emmas Freunde genauso wie eure Freunde?

Schlussteil

Beim Schlussteil wird das methodisch-didaktische *Prinzip der Übung zu Feinziel 1 und 2* und das *Prinzip der Aktivität* angewandt.

Zeit	Teilschritte	Impulse
07 min.	■ Zum Ende der letzten Karte hin bleibt das Kamishibai offen, um eine Ablenkung und „Umorientierung" der Kinder zu vermeiden. Es wird noch mal Bezug auf die Geschichte genommen und es werden Fragen hierzu gestellt. ■ Die Aussagen der Kinder werden wiederholt. ■ Die Kinder werden für die Mitarbeit gelobt	■ Frage: Hat euch die Geschichte mit Emma gefallen? ■ Frage: Habt ihr denn eine Idee, wohin Emma nun weiterreist? ■ Impuls: Ich fand eure Ideen

▪ Gemeinsam gehen wir mit den Kindern wieder nach oben in den Gruppenraum. Das Angebot ist hiermit beendet.	wirklich großartig. Jetzt haben wir gemeinsam viele neue Wege für Emma gefunden.

Problemvorwegnahme

Ein Kind findet keine Ruhe

Mit Beginn des Angebotes wird gewartet, bis alle Kinder ruhig und gespannt sitzen. Zur Unterstützung wird am Anfang mit den Hyóshigi (Klanghölzer) geschlagen, womit die Aufmerksamkeit der Kinder auf das Kamishibai gelenkt wird. Sollte während der Durchführung des Angebots ein Kind wiederholt keine Ruhe finden, wird es verstärkt durch Impulse in die Geschichte mit einbezogen.

Ein Kind möchte die Aufführung stören

Sollte ein Kind mehrfach die Aufführung oder das Angebot stören, kann es alternativ am Rand des Raumes Platz nehmen und bis zum Ende des Angebotes dort warten.

Ein Kind ist erkrankt und nimmt nicht teil

Es kann sein, dass ein Kind am Angebotstag erkrankt ist und fehlt. In diesem Falle kann ein anderes Kind nachrücken, wobei bei der Auswahl auf die zu beachtende Gruppenkonstellation zu achten ist. Es sollte nur ein Kind ähnlichen Charakters und kognitiven Entwicklungsstandes in Erwägung gezogen werden.

Ein Kind äußert sich nicht

Sollte ein Kind Angst vor dem Thema haben oder sich nicht dazu äußern, dann wird das Kind erst einmal zurückgestellt und die Frage oder der Impuls an ein anderes Kind übergeben. Nachdem sich dann andere Kinder geäußert haben, wird erneut Bezug auf das eigentlich geplante Kind genommen und die Frage/ Impuls anders gestellt. Hierdurch wird versucht, das Kind dennoch zur Teilnahme zu bewegen. Möchte sich das Kind dennoch nicht beteiligen, darf es weiterhin gerne zuhören. Bei körperlicher Reaktion des Kindes (sichtbares Interesse oder Gedankengänge) wird es erneut gefragt, hierbei wird jedoch die Schwierigkeitsstufe bei neuer Fragestellung herabgesenkt.

Es regnet am Angebotstag

Wenn es am Angebotstag stark regnet, können die anderen Kinder den Außenbereich nicht nutzen. In diesem Falle muss das Angebot in einen der unteren Räume verlegt werden. Dies ist zwar licht- und platztechnisch nicht ideal, dennoch kann so das Angebot stattfinden.

Das Kamishibai fällt um

Das Kamishibai von Don Bosco steht auch bei geöffneten Seitentüren sehr instabil. Hier ist zu beachten, dass die Türen stets ganz geöffnet sein müssen und das Kamishibai sauber auf der Unterlage aufsteht. Sollte es dennoch umfallen, kann man die Situation mit in die Geschichte einbauen und nach dem Erneuten Aufstellen wie geplant fortfahren.

Vorbereitende Tätigkeiten

Raumplanung

Als Raum wurde der Lesebereich ausgewählt, da hier einerseits der notwendige Platz vorhanden ist und andererseits die Kinder bequem auf einem Teppich sitzen können. Ein weiterer wichtiger Grund ist, dass der Raum lichtdurchflutet ist. Die Verwendung des Raumes geht jedoch nur bei akzeptablen Wetterverhältnissen, da die anderen Kinder in der Angebotszeit den Außenbereich nutzen müssen. Die Alternative wäre in diesem Fall ein Raumwechsel, siehe Problemvorwegnahme.

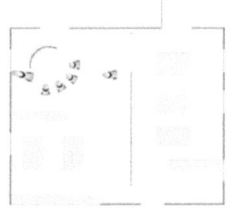

Abbildung 3 Raumplanung mit Erzieher, Kindern und Lehrkraft.

31

Material- und Medienliste

- Kamishibai von Don Bosco (A3)
- Kamishibai-Karten Emma
- Hocker für das Kamishibai
- Textkarten der Geschichte
- Hyóshigi

ABBILDUNGSVERZEICHNIS

LITERATURVERZEICHNIS

Baden-Württemberg, M. f. K. J. u. S. (2016). Orientierungsplan. Für Bildung und Erziehung in badenwürttembergischen Kindergärten und weiteren Kindertageseinrichtungen (2. Aufl.). Freiburg: Herder.

Heinrich, C., Berner-Zumpf, D. & Teichert, M. (Hrsg.). (2020).»Alle Tassen fliegen hoch!«. Eine Kritik der Kinderphilosophie (Gegendarstellung. Beiträge zu Philosophie und Bildung, Bd. 1). Weinheim: Beltz; Beltz Juventa.

Huppertz, N. & Barleben, M. (2016). Freude am Philosophieren. Didaktische Einheiten für Kindergarten und Grundschule (Erziehungswissenschaft, Band 79). Berlin, Münster: LIT.

Japan Society & McGowan, T. M. (2021). About Japan: A Teacher's Resource. The Many Faces of Kamishibai (Japanese Paper Theater) - Past, Present, and Future. Zugriff am 30.07.2021. Retrieved from https://aboutjapan.japansociety.org/content.cfm/the-many-faces-of-kamishibai

Nishioka, A. (2019, 1. September). One Hundred Years of Kamishibai. Development and Popularity of the Paper Theater, Zürich. Zugriff am 30.07.2021. Verfügbar unter: https://www.khist.uzh.ch/de/chairs/ostasien/archiv/eventsarchiv/Kamis hibai.html#Einf%C3%BChrung_in_Kamishibai_(Deutsch)

Schlinkert, H. (Kindergartenpaedagogik.de, Hrsg.). (2015). Zur Methodik der Bilderbuchbetrachtung. Zugriff am 30.07.2021. Verfügbar unter: https://www.kindergartenpaedagogik.de/fachartikel/bildungsber eicheerziehungsfelder/medienerziehung-informationstechnische-bildung/513

Staiger, M. (2014). Bilderbücher. Theorie (Bd. 1). Deutschdidaktik für die Primarstufe. Baltmannsweiler: Schneider Verlag Hohengehren. Verfügbar unter: https://www.researchgate.net/profile/Michael-Staiger-2/publication/266573963_Erzahlen_mit_Bild-Schrifttext-Kombinationen_Ein_funfdimensionales_Modell_der_Bilderbuchanalyse/l inks/583422ac08ae004f74c71868/Erzaehlen-mit-Bild-Schrifttext-Kombinationen-Ein-fuenfdimensionales-Modell-der-Bilderbuchanalyse.pdf

Wieler, P. (2008). Kinderfreundschaft und ihre Bedeutung - Brauchen Kinder andere Kinder? URN: urn:nbn:de:gbv:519-thesis2008-0233-2 . Zugriff am 30.07.2021. Verfügbar unter: https://digibib.hs-nb.de/file/dbhsnb_derivate_0000000283/Bachelorarbeit-Hegewald-2008.pdf